José Zorrilla

Apoteosis de don Pedro Calderón de la Barca

Barcelona **2024**
Linkgua-ediciones.com

Créditos

Título original: Apoteosis de Don Pedro Calderón de la Barca.

© 2024, Red ediciones S.L.

e-mail: info@Linkgua-ediciones.com

Diseño de cubierta: Michel Mallard.

ISBN rústica: 978-84-96290-52-5.
ISBN ebook: 978-84-9897-890-2.

Sumario

Brevísima presentación

La vida
José Zorrilla (Valladolid, 1817-Madrid, 1893). España.

Tras estudiar en el Seminario de Nobles de Madrid, fue a las universidades de Toledo y Valladolid a estudiar leyes y poco después abandonó los estudios y se fue a Madrid. Las penurias económicas le hicieron a vender a perpetuidad los derechos de Don Juan Tenorio (1844), la más célebre de sus obras. En 1846, viajó a París y conoció a Alejandro Dumas, padre, George Sand y Teophile Gautier que influyeron en su obra. Tras una breve estancia en Madrid, regresó a Francia y de ahí, en 1855, marchó a México donde el emperador Maximiliano lo nombró director del teatro Nacional. Publicó un libro de memorias a su regreso a España.

Personajes

La fama
El reposo
La crítica
Homero
Virgilio
Shakespeare
Cervantes
Coros y acompañamientos correspondientes

Acto I

(Alegoría del alcázar de la Memoria, figurando un antro oscuro con cinco puertas o nichos que se abren a su tiempo. Al levantarse el telón se oye música y cantan dentro.)

Escena I

Pasad, ruidos livianos,
inútiles quimeras,
espíritus mundanos
que de la tierra prófugos
por las tinieblas vais.   5
Pasad, sin que al tumulto
de vuestros pies profanos
de mi palacio oculto
la soledad pacífica
pasando interrumpáis.   10
¡Pasad, pasad!
Aquí no está el imperio
de vuestra magia impura,
aquí de hondo misterio
entre los velos mágicos   15
en blando sueño están
los Genios que vertieron
la luz sobre la tierra,
los que de Dios bebieron
la ciencia y el espíritu   20
con anheloso afán.
¡Pasad, pasad!

La fama (Saliendo.)   ¡Ha del reposo que en las tumbas mora!
¡Ha del misterio que velando está!

El reposo (Dentro.)   ¿Quién de las tumbas atención implora?   25

¿Quién por mi reino descarriado va?

La fama   La fama soy, que de la tierra vengo.

Escena II
(Ábrese la puerta del centro, y aparece en un lecho El reposo coronado de adormideras.)

El reposo   ¿Qué pasa, pues, en la fatal mansión?
¿Llegó el instante en que sin ti no tengo
los sellos que romper de mi panteón?   30
   ¿Tocó en su colmo la locura humana?
¿La cólera de Dios se desbordó,
y el orbe a polvo tornará mañana?
¿Vuelve la nada a su principio?

La fama   No.   35
   El tiempo sigue su veloz carrera,
el mundo, largo tiempo vivirá,
y largo sueño en tu mansión espera
a los que su antro cobijando está.
   Mas óyeme un instante, y tus oídos   40
la nueva que divulgo escucharán,
y tus genios, de gozo estremecidos,
en su lecho de mármol se alzarán.
   Hay un rincón de la atrevida Europa
do una raza de inmenso corazón   45
vive, y guarece su triunfante tropa
la sombra de un castillo y un león
   España, sí, que vencedora un día,
dos mundos ocupó con estrechez;
España, que negaba y concedía   50
tierra donde vivir, con altivez,
   existe libre de extranjero yugo

por más que Europa la contemple audaz,
y ser quisiera su fatal verdugo,
siempre envidiando su valor tenaz.   60

   La inquieta Europa, que intentó humillarla,
no la conoce todavía bien,
y atenta solamente a encadenarla,
la mira desde lejos con desdén.

   Pobre, ignorante y sin poder la entiende,   65
de sí misma la juzga sin amor,
y ella a su vez su libertad defiende
con su fe solamente y su valor.

   Tinta en la sangre de sus propios hijos,
cercenada de intrusos por doquier,   70
no ha sabido a desastres tan prolijos
la gloria de sus hijos posponer.

   Templos les abre, y les eleva estatuas,
y «esos son (dice a los extraños), sí,
los que pregonan vuestras lenguas fatuas   75
sin recompensa ni memoria en mí.

   «¿No hay aquí gloria? Sin que mucho tarde,
Calderón y Cervantes lo dirán.
¿No hay libertad? Daoiz y Velarde
a daros un imentís! despertarán.»   80
Eso dice la España postergada,
eso La fama anunciará veloz;
díselo tú, Reposo de la nada,
a esos que duermen sin oír mi voz.

   Si al viento de las recias tempestades   85
con que su patria desolar se ve,
ardiendo se desploman sus ciudades,
sus mausoleos quedarán en pie.

   Diles que duerman sin odiar los hombres
a esos que grandes y españoles son,   90
y que no ignoren que escribió sus nombres

a par de los más grandes, su nación.

El reposo   Sí les diré. Sus almas bienhadadas
con tus nuevas ¡oh Fama! gozarán,
y con blanda sonrisa, en sus almohadas   95
a posar la cabeza tornarán.
    Que aquí halla amparo, protección y asilo
cuanto atañe al descanso y al placer,
aquí reposa el corazón tranquilo
de la ansiedad con que acertó a nacer.   100

La fama   ¡Oh! Tengan ese mísero consuelo
que el envidioso mundo les negó,
ahora que ven que sin premiar el cielo
jamás el genio y la virtud dejó.

El reposo   Las alas otra vez tiende segura,   105
tórnate en calma donde alumbra el Sol;
ellos sabrán en mi mansión oscura
la gloria de ese Fénix español.

La fama   ¿Quién trajo aquí sin mi poder la nueva?

El reposo   Ha siglo y medio ¡oh Fama! que la sé,   110
que ha siglo y medio que en el mundo prueba
con sus palabras Calderón quién fue.

La fama   La lumbre de su gloria reverbera
por cuanto alumbra el rutilante Sol,
y España olvida su contienda fiera   115
escuchando su Fénix español.

El reposo   Por quien es, está aquí; yo que le guardo,
el primero á, mi vez le conocí.

La fama	Su triunfo dile.

El reposo	A que se torne aguardo.	120

La fama	¿No está en tus reinos?

El reposo	Volveráse a mí.	
	A recibir la merecida palma,	
	a su alcázar la gloria le llamó,	
	y hoy volverá regocijada el alma	125
	al lecho que un instante abandonó.	

La fama	A Dios te queda, pues.

El reposo	Ve tu camino,	
	y allá en los sitios por do errante vas,	
	venga a la España y su cantor divino,	130
	que bien merecen los de España más.	

La fama	¡Guay de quien mira necio o atrevido	
	con ojos insolentes su pendón!	
	¡Guay del que asome cuando dé un rugido	
	y despierte iracundo su león!	135

(Vuela.)

Escena III

El reposo	Y vosotros que en sueño perfumado	
	en vuestro lecho de laurel dormís,	
	alzaos y gozad con lo pasado,	
	levantaos a ver cómo vivís.	
	¡Ha de los mansos soñolientos sones	140

que arrullan y adormecen mi mansión,
cantad, y al entonar nuevas canciones,
el descanso romped de mi panteón!

No traigáis el murmullo de las hojas,
ni de las fuentes el rumor tenaz, 145
ni el son del aura en las espigas rojas,
ni el suspiro del céfiro fugaz.

Venid sobre el perfume de las flores
con el vario cantar del ruiseñor,
cuando cuenta a la aurora sus amores, 150
el rocío libando en una flor.

Traed las armonías que en la gloria
se exhalan del laúd del serafín,
y a las puertas llamad de la memoria
de los que duermen sin temer su fin. 155

¡Cantad, y que despierten un momento
su gloria inmarcesible a contemplar,
como a los besos de amoroso viento
las flores, que se vuelven a cerrar!

(Ciérranse las puertas que muestran el lecho del Reposo, y se oye dentro música.)

Escena IV

Música

Alzaos del sepulcro 160
los que dormís en paz.

Aún se oyen vuestros cánticos
gloriosos resonar;
sobre las alas rápidas
de las centurias van; 165
de vuestros nombres ínclitos
la lumbre celestial,

el mundo por sus ámbitos
iluminando está.
     Alzaos del sepulcro   170
     los que dormís en paz.

   Ni ingrata a vuestro espíritu
la patria desleal,
en vuestros secos mármoles
os dejará posar.   175
Con vuestra fama espléndida
feliz se ufanará,
si acuerda a vuestras ánimas
origen inmortal.
     Alzaos del sepulcro   180
     los que dormís en paz.

(Ábrense las puertecillas del Escenario, cada cual a su turno, dejando ver una débil aureola de luz, símbolo de la gloria, y se presentan a su vez Homero, Virgilio y Shakespeare, coronados de laurel, apareciendo sus nombres sobre sus respectivas puertas en letras de luz, y conforme van presentándose.)

Homero   ¿Quién a luz torna mis desiertos ojos?
               ¿Quién música tan dulce en mis oídos
               vierte, y a vida vuelve mis despojos,
               en el abismo de la sombra hundidos?   185
                Oigo una voz más suave y halagüeña
               que las aguas del Xanto y del Eurotas,
               que de mi patria la ilusión risueña
               ¡memorias dulces por la muerte rotas!
                Alcanzo en el espacio, vagarosos,   190
               ricos de gloria y varios en colores,
               ir en montón espíritus famosos
               cantando al par su religión y amores.
                ¿Quiénes son esos héroes que embozados

van en tropel, y nacen de una lira   195
cuyos cantares, con vigor lanzados,
de mi Grecia el espíritu no inspira?

No conozco sus faces, escondidas
tras de los cascos que los rayos doran,
ni comprendo sus trovas, confundidas   200
con plegarias al Dios a quien adoran.

No van a los Elíseos por descanso,
ni a Júpiter invocan, mas su acento
baja solemne y armonioso y manso
por la región del azulado viento.   205

¡Cantad, héroes, cantad, que mis oídos
os oyen con placer, y el alma mía
en vuestros sones va desconocidos,
á torrentes bebiendo la armonía!

Yo os escucho, cantad; mi largo sueño   210
mecéis con vuestra voz: ¡cisnes extraños!
Verted deliciosísimo beleño
en el insomnio de mis luengos años.

Virgilio   Yo oí de entre las hojas de mi laurel sonoro
brotar de un arpa nueva el inspirado son,   215
y desperté sintiendo de sus bordones de oro
los misteriosos ecos herirme el corazón.

No fue, sin par Homero, la voz de tus valientes
ni el himno de tu Grecia la música que oí;
sus notas son más graves, y excitan reverentes   220
memorias religiosas con que jamás viví.

No adornan sus misterios los mirtos de Cartago,
la voz de las Sibilas, ni el carro del Amor,
de Venus las palomas, ni de Carón el lago,
ni el porvenir de Roma, a quien fingí mejor.   225

Mas yo, mientras escuche las notas de esa lira,
no quiero de mi lecho volver al cabezal;

quienquiera que tú seas, quien con tu voz suspira,
tu canto no interrumpas, ¡oh Bardo celestial!
Te escucho, y tu armonía dulcísima me suena   230
como la voz lejana del espumoso mar,
como el susurro manso de la floresta amena
y el ala de la garza que empieza a remontar.

   La sombra de los olmos en la abrasada siesta,
de un límpido arroyuelo el desigual rumor,   235
no son para el viajero que a reposar se apresta,
cual para mí son dulces tus cántigas de amor.

   Sí, canta, y de mi gloria, con reverente oído
en mi inmortal insomnio tu voz escucharé,
y aromará mis sueños el plácido sonido   240
de tus palabras bellas, que comprender no sé.

Shakespeare   Yo oí su voz primera descendiendo
a esta mansión de sombra y de reposo,
y allá en el alma el porvenir midiendo,
miré a lo lejos y alcancé un coloso.   245

   Yo te conozco bien, hijo del canto;
yo comprendo la voz de esas quimeras
que en un delirio misterioso y santo
lanzas al mundo, de quien nada esperas.

   ¿Quién resiste tu voz? Lanzada al cielo,   250
te franquea sus puertas eternales;
lánzala al viento, y detendrá su vuelo
al vivo lampo de sus mil fanales.

   El averno, la mar y el orbe todo,
de tu arpa cede al colosal imperio   255
sí; cuanto existe de insondable modo,
de su existencia te mostró el misterio.

   ¿Quién como tú? Los mundos a tu orden,
ante tus ojos obedientes giran;
átomos son que hierven en desorden,   260

y a tu voz nacen, y a tu voz expiran.

Soplas sobre ellos, y a tu soplo viven;
si necesitan voz, les das tu acento;
si forma, de tus manos la reciben;
si atributos, les das tu pensamiento.   265

Eres un manantial rico y fecundo,
tu lengua es un torrente de ambrosía,
tu mente radia como el Sol, y el mundo,
al son de tu palabra se extasía.

De águila son tus ojos; son tus alas   270
de ardiente querubín; a las tormentas
en el impulso de tu vuelo igualas,
y a reposar en el cenit te sientas.

Allí sueltas tu voz, y allí a tu canto
el curso de los astros se suspende;   275
Dios te envuelve en las orlas de su manto,
y en su divino espíritu te enciende.

Sacerdote de Dios, cantas su gloria;
bardo de religión, tú la penetras;
tu patria diviniza tu memoria,   280
y los sabios aprenden de tus letras.

Canta, y en tanto que tu genio aborte
de místicos fantasmas luenga tropa,
á la sombra inmortal de su cohorte
yo dormiré, y aplaudirá la Europa.   285

Escena V

(Homero, Virgilio, Shakespeare y La crítica.)

La crítica   (Ni del reposo y la muerte
en los brazos dormirán;
yo amargaré cuanta gloria
el universo les da.)

¡Ha de los que alzan la frente 290
del mundo a la vanidad;
hierbas que brotáis al soplo
de vuestro orgullo no más,
    tan solo vuestra demencia
vosotros divinizáis! 300
¿De qué sirve a quien le escucha
vuestro sublime cantar?
    Esas creaciones grandes
que encarecéis con afán,
solo son necios delirios 305
incomprensibles asaz.
    ¿De ese cantor os arrulla
el cántico celestial?
Porque escucháis solamente
su monótono compás. 310
    Así es el ruido del viento,
del agua así el son fugaz,
a su murmullo se duerme,
mas no se entiende jamás.

Escena VI

(Homero, Shakespeare, Virgilio, La crítica y Cervantes.)

Cervantes
    ¿Quién con tan negras palabras 315
llega a esta mansión audaz,
que de mi sueño de mármol
me viene así a despertar?

La crítica
    La crítica soy juiciosa,
en cuya balanza igual 320
se equilibran los tesoros
que debe la ciencia dar.

Yo, por el bien de los hombres
estoy en vela tenaz,
y les marco los caminos   325
por do salir sin errar.
    Yo les aparto los brezos,
yo les enseño además
dónde están los precipicios
y los escollos dó están.   330
    Yo voy con mi clara antorcha
guiando su ceguedad,
y caen los que no me siguen
á cada paso que dan.
Sin mí no hay nada perfecto,   335
sin mí no podéis hallar
ni lo justo, ni lo hermoso,
ni la luz, ni la verdad.
    Calderón, a quien ufanos
Fénix del Arpa llamáis,   340
no supo sin mis auxilios
sino caer y tropezar.
    Y pues queréis como al Genio
divinizarle, mirad
que es perfección lo divino,   345
y que quien yerra es mortal.
    Y esto os dice quien lo sabe,
que no aumento al afirmar,
que aun Dios, al hacer sus obras,
me las consulta quizás.   350

Cervantes   Yo te conozco, quién eres
sé bien, y de mí ocultar
no puedes lo que tu envidia
dicta a tu lengua infernal.
    Crítica, tú eres un monstruo   355

solo de envidia capaz,
tu lengua mana veneno,
y en hieles bañada está.

Pero no puede los bordes
de los sepulcros pasar,   360
y aquí no tienes oídos
para tu canto mordaz.

Aparta, pobre sirena,
que has olvidado el cantar;
huye, hermosura caduca,   365
que has perdido tu beldad.

Tú tienes torpes las manos,
y las alas con que vas
volando, tan solo pueden
tu cuerpo vil remolcar.   370

Aparta, lince sin ojos,
que lo que no puedes ya
ciega entender por ti misma,
lo tienes que preguntar.

Aparta, cuervo engreído,   375
que pavoneándote vas,
con las plumas que recoges,
en pos de la garza real.

La crítica   ¡Oh, sí! Vosotros quisierais
al corazón engañar,   380
mas yo quiero recordaros
algo de la realidad.

Homero, tú que cantando
hiciste a Grecia inmortal,
para alimentarte en Grecia   385
tuviste que mendigar.

Virgilio, tus ricos cantos,
que a Homero te hacen igual,

son el incienso que el César
te hizo a sus plantas quemar.   390
    Cervantes, la misma tierra
que ahora estatuas te da,
miserable y calumniado
te vio morir sin piedad.
    Ni Shakespeare vigoroso,   395
ni Calderón...

Cervantes   Basta ya;
mi patria es grande, y no puede,
ni confundir ni olvidar.

(Música lejos.)

Virgilio   ¡Silencio! Ya resuenan los himnos inmortales,   400
á cuyo justo y santo y poderoso son,
sus quicios de oro rompen las puertas celestiales,
y al Genio dan camino por su imperial mansión.

Homero   Desciende, de tu gloria la frente coronada;
baja a la arena olimpia, ¡oh atleta triunfador!   405
Ven a dejar tu lira sobre el laurel colgada,
cuya tranquila sombra te enjugará el sudor.

Shakespeare   Cantor de los misterios, que ciega no comprende
de Grecia ni de Roma la inspiración gentil,
los ojos a tu origen divinizado tiende;   410
tú tienes en tu patria un trono de marfil.
    De Dios siendo en la tierra la soberana hechura,
derechos inmortales tenemos hacia él;
ven a gozar tu gloria sobre la lumbre pura
que radia su semblante y entolda su dosel.   415

Cervantes: (A La crítica.)

> Y tú, que nunca descansas
> y que a todos aconsejas,
> ven a presenciar su gloria,
> si con su gloria no ciegas.
> Hoy que le conoce España   420
> y que grande le confiesa,
> en la divina familia
> de los inmortales entra.
> Y aquí del mezquino mundo
> las tempestades no llegan,   425
> ni de la envidia los dardos
> emponzoñados penetran.
> Que las estrellas no alumbran
> por donde el Sol reverbera,
> ni suben las golondrinas   430
> donde las águilas vuelan.
> Ve a contar esto a la España,
> y si su amor les conserva
> a los hijos que la ilustran
> con sus armas o sus letras,   435
> ni necesita extranjeros
> que la enseñen ni defiendan,
> ni ha de faltarla, lidiando,
> la libertad ni la tierra.

La crítica   Sí que la diré...   440

Escena VII

(Aparece El reposo, y desaparecen Homero, Virgilio, Shakespeare y Cervantes por sus correspondientes apariencias.)

El reposo   ¡Silencio!

¡Crítica, tus labios sella,
venda tus ojos, y escucha
de rodillas, muda y ciega;
   que del Genio a quien su patria   445
agradecida venera,
donde le labran su tumba,
su Apoteosis empieza!

(Transformación magnífica de Apoteosis al son de un himno triunfal a órgano y Orquesta.)

(La crítica, de rodillas; en un pedestal, decorado con insignias de triunfo, la sombra de don Pedro Calderón de la Barca, de cuerpo entero, coronada de laurel y mostrando la cruz de Santiago, de quien fue caballero. A la derecha, un símbolo de los Autos sacramentales, en una alegoría que remata con la cruz, y sembrada de palmas, en cuyas hojas se leerán los títulos de los mejores Autos.)

La nave del mercader
La divina Filotea   450
La cena de Baltasar
Las espigas de Ruth
El laberinto del mundo
El divino Orfeo
La cura y la enfermedad, etc.   455

(Á la izquierda, otra alegoría, coronada por el Amor y orlada de atributos profanos, donde se lean títulos de las mejores comedias de Calderón.)

La dama duende
La vida es sueño
La niña de Gómez Arias
El escondido y la tapada
El jardín de Falerina   460

La devoción de la cruz
El Alcalde de Zalamea
Las tres justicias en una
El mágico prodigioso
Á secreto agravio, secreta venganza   465
Casa con dos puertas, mala de guardar
El pintor de su deshonra, etc.

(Al pie de las alegorías, los genios y coros correspondientes que han de cantar el himno de Apoteosis, y los bailarines, cuya primera figura será quedar formando, con guirnaldas o cosa equivalente, y cada cual con su letra, el nombre de Calderón.)

Himno

Coro   Las aguas del olvido
              por ti no pasarán;
              los que a su gloria suben,   470
              jamás descenderán.

              Sin miedo de los siglos al insolente encono,
              ostenta ya tu frente ceñida de laurel;
              tu nombre es infinito, tu féretro es un trono,
              y tú solo desciendes para reinar en él.   475
                    Las aguas del olvido, etc.

              Tú puedes ver el alba nacer junto á. tu frente,
              tú puedes con las nubes por los espacios ir;
              tu gloria es más brillante que el Sol en el Oriente,
              más grande que los tiempos tu inmenso porvenir.480
                    Las aguas del olvido, etc.

              El mundo rueda henchido de ardientes creaciones
              que de tu mente rica, la inmensidad lanzó,

y el aura vaga llena de los brillantes sones
que de tu sacra lira la inspiración brotó.   485
        Las aguas del olvido, etc.

   Los astros y los montes, las aguas y los vientos,
las fieras de la selva, los peces de la mar,
vinieron convocados al son de tus acentos,
de Jehová infinito las glorias a cantar.   490
        Las aguas del olvido, etc.

   Y montes, aguas, astros, y peces, aire y fieras,
recuerdos de tu gloria sin término serán;
y en las remotas playas y edades venideras,
por do se encuentre vida, tus cantos vivirán.   495
        Las aguas del olvido, etc.

   Ven a ocupar tu trono, rey harto de victoria;
ven a tomar tu lira, ¡oh ardiente serafín!
Y beberás, eterno, las aguas de la gloria,
delante del santuario del que será sin fin.   500

      Las aguas del olvido
      por ti no pasarán;
      los que a su gloria suben,
      jamás descenderán.

Fin

Libros a la carta

A la carta es un servicio especializado para
empresas,
librerías,
bibliotecas,
editoriales
y centros de enseñanza;
y permite confeccionar libros que, por su formato y concepción, sirven a los propósitos más específicos de estas instituciones.

Las empresas nos encargan ediciones personalizadas para marketing editorial o para regalos institucionales. Y los interesados solicitan, a título personal, ediciones antiguas, o no disponibles en el mercado; y las acompañan con notas y comentarios críticos.

Las ediciones tienen como apoyo un libro de estilo con todo tipo de referencias sobre los criterios de tratamiento tipográfico aplicados a nuestros libros que puede ser consultado en Linkgua-ediciones.com.

Linkgua edita por encargo diferentes versiones de una misma obra con distintos tratamientos ortotipográficos (actualizaciones de carácter divulgativo de un clásico, o versiones estrictamente fieles a la edición original de referencia). Este servicio de ediciones a la carta le permitirá, si usted se dedica a la enseñanza, tener una forma de hacer pública su interpretación de un texto y, sobre una versión digitalizada «base», usted podrá introducir interpretaciones del texto fuente. Es un tópico que los profesores denuncien en clase los desmanes de una edición, o vayan comentando errores de interpretación de un texto y esta es una solución útil a esa necesidad del mundo académico.

Asimismo publicamos de manera sistemática, en un mismo catálogo, tesis doctorales y actas de congresos académicos, que son distribuidas a través de nuestra Web.

El servicio de «libros a la carta» funciona de dos formas.

1. Tenemos un fondo de libros digitalizados que usted puede personalizar en tiradas de al menos cinco ejemplares. Estas personalizaciones pueden ser de todo tipo: añadir notas de clase para uso de un grupo de estudiantes, introducir logos corporativos para uso con fines de marketing empresarial, etc. etc.

2. Buscamos libros descatalogados de otras editoriales y los reeditamos en tiradas cortas a petición de un cliente.

www.ingramcontent.com/pod-product-compliance
Lightning Source LLC
Chambersburg PA
CBHW020448030426
42337CB00014B/1456